Andreas Herteux

Premiers fondements du capitalisme comportemental

Un inventaire d'une nouvelle variété de capitalisme

2019 Andreas Herteux

Éditeur : Erich von Werner Society

Editeur : Erich von Werner Verlag

ISBN 978-3-9819006-8-2

Content

Remarques introductives

Le monde change à une vitesse fulgurante. A aucun moment cela ne peut être vu plus clairement que dans le progrès technologique, qui a profondément remodelé et souvent fondamentalement changé la vie sociale, politique, économique et individuelle. Mais ce développement est bien plus qu'une petite extension de l'être existant. Cela change fondamentalement la donne et pourtant, il ne semble pas y avoir suffisamment de description pour ce processus et son utilisation commerciale. Y a-t-il seulement quelques entreprises Internet qui ont des offres complètement nouvelles ? Ou faut-il tout interpréter à plus grande échelle ? Où cela mène-t-il ? Qu'advient-il des données et comment sont-elles utilisées ? Comment notre comportement génère-t-il du profit ? Y a-t-il une possibilité de manipulation ici ? Des questions critiques existent donc, mais elles restent fragmentaires.

En résumé, un sentiment semble avoir émergé du fait qu'il y a beaucoup plus en jeu que les nouveaux modèles d'affaires et pourtant, jusqu'à présent, il n'y a eu aucune forme d'articulation, aucune structure descriptive qui affirme clairement que nous ne pouvons plus parler de la conduite commerciale des entreprises individuelles, mais que nous devons déjà parler d'une nouvelle variété du capitalisme : Le capitalisme comportemental. Ce capitalisme s'est développé à une vitesse vertigineuse et est devenu partie intégrante de la vie de nombreuses personnes car il est étroitement lié au développement technologique. Elle offre des opportunités, mais aussi des risques, car son pouvoir, contrairement au capitalisme financier, qui s'est également élevé dans l'ombre, s'étend à l'intimité de l'individu et devient de plus en plus ancré. C'est pourquoi il est d'une importance capitale de le faire sortir de l'approximatif et du nébuleux à la lumière, de le nommer clairement et de discuter de lui. Jusqu'à présent, cela n'a pas été possible, sauf pour des pièces individuelles.

Le modèle du capitalisme comportemental tente de combler cette lacune et crée ainsi pour la première fois un ordre qui rend tangible et compréhensible une nouvelle variété du capitalisme. En même temps, cela crée une base d'argumentation qui convient pour quitter les cercles d'experts et d'érudits et les diffuser de manière générale et compréhensible, car la discussion sur le capitalisme comportemental ne peut être menée uniquement dans de petits cercles, certains milieux ou dans le feuilleton, mais doit plutôt devenir un sujet central du grand public.

Avec ce projet, nous en sommes encore au tout début. Mais si nous ne commençons pas, le capitalisme comportemental, analogue au capitalisme financier, fonctionnera dans l'ombre et développera peut-être un potentiel qui pourra être utilisé plus pour le pouvoir et la domination que pour le bien de l'humanité. A la lumière et avec l'aide de l'observation publique, il semble plus facile d'orienter le fleuve torrentiel dans la bonne direction que d'espérer, de manière enfantine et naïve, que cela se fera tout seul. Mais nous sommes toujours sur la ligne de départ imaginaire de cette pensée.

Par conséquent, cet article couvre principalement les publications précédentes sur le thème du capitalisme comportemental. Elles seront donc imprimées telles qu'elles ont été publiées. La redondance est donc donnée, mais crée sans doute aussi des valeurs de mémoire.

Ces publications ont donné lieu à des discussions et à des questions initiales, qui font l'objet d'une section distincte.

Il s'agit donc d'une documentation d'une première phase qui peut servir d'ouvrage de référence imprimé, mais qui ne prétend en aucun cas présenter l'objet de la recherche de manière concluante et définitive.

Il convient également de noter que le capitalisme comportemental sera un thème central du XXIe siècle, mais n'en demeure qu'une partie. Une question importante, mais qui ne peut être séparée d'éléments tels que la lutte du milieu, la société irritante, le changement des temps et l'individualisme collectif pour une image cohérente du présent et de l'avenir. Seule une vision globale est la clé d'une compréhension globale et donc d'une solution globale. Le capitalisme comportemental est donc un modèle explicatif important, mais qui nécessite une classification dans une structure plus large, qui, cependant, ne fera pas partie de cette écriture.

Il peut être difficile de garder cela à l'esprit en raison de la bisance et de la prédominance du contenu des sous-domaines individuels, puisque chacun peut faire l'objet d'une vie entière en tant que chercheur, mais c'est absolument nécessaire, car sinon, cela peut donner lieu à des erreurs d'appréciation partiales. Cela doit être évité par la vue d'ensemble susmentionnée.

Andreas Herteux

Le capitalisme comportemental - Une nouvelle variété de capitalisme gagne en puissance et en influence

- Le comportement humain est une matière première utilisable

- Cette matière première est devenue un facteur de production grâce aux progrès technologiques.

- Ce facteur de production a donné naissance à de nouveaux modèles économiques qui ont désormais un impact massif sur la vie économique, politique et sociale.

- Il faut donc parler d'une nouvelle variante du capitalisme : le capitalisme comportemental.

• **Cette nouvelle forme de capitalisme n'est pas encore comprise comme telle, ce qui comporte le risque de créer des rapports de pouvoir et de marché qui peuvent difficilement ou très difficilement être corrigés ultérieurement.**

Le monde vit un changement d'époque et une ère de changement. Dynamique, rapide et à quel point cela peut être reconnu plus clairement que par le progrès technologique, qui change puissamment et à une vitesse incroyable la vie personnelle et communautaire et ne laisse presque aucun domaine intact, que ce soit la politique, la société ou l'économie. Dans le cadre de ce processus, l'influence a changé et de nouvelles influences ont été établies. Mais tout cela presque imperceptiblement, presque dans l'ombre et pourtant à la fin presque tout est tangent. La technologie est plus que jamais synonyme de pouvoir et cette influence particulière à travers le monde intelligent, se retrouve aujourd'hui dans le monde occidental, étonnamment liée à quelques entreprises, qui ont naturellement peu d'intérêt à expliquer trop publiquement les risques de leur activité, car elles voient avant tout les opportunités de leurs actions et non les dangers. Qui les blâmera ? Combien de personnes comprennent vraiment leurs modèles d'affaires ? N'ont-ils pas semblé sortir de nulle part, ces entreprises d'un milliard de dollars qui sont aujourd'hui indispensables ?

Cette nouvelle influence des grands groupes technologiques, qui n'existent souvent que depuis quelques années, est étonnante et étonnante, de même que le développement de leurs produits qui sont devenus indispensables dans la vie quotidienne de nombreuses personnes et de la société à une vitesse vertigineuse. Une conquête silencieuse et pourtant ils sont bien plus que des modèles d'affaires intelligents qui peuvent être facilement intégrés dans l'existant. Ces entreprises ne sont que des acteurs sur un terrain de jeu qui a rendu leur existence et leur croissance possibles en premier lieu. Une chose qui a trop souvent été sous-estimée et négligée jusqu'à présent est le capitalisme comportemental.

Avec ce terme, l'enfant lui-même a été dérivé et baptisé par l'auteur de ces lignes, le sentiment pour le changement des relations de pouvoir devient un cadre ordonné, bien fondé et devient compréhensible. L'accumulation du pouvoir ne peut plus se cacher derrière les mécanismes du nouveau, mais est clairement visible à la lumière. Une nécessité, parce qu'un capitalisme comportemental débridé et débridé est encore plus dangereux qu'un capitalisme financier en colère, parce qu'il a besoin non seulement du capital, mais de l'homme dans son ensemble pour récolter. N'importe quand, n'importe quand. Oui, le phénomène était palpable. Maintenant, il trouve son analyse et son ordre. Le capitalisme comportemental doit donc être identifié et interprété afin de pouvoir y faire face avec assurance et de manière positive. Le cheval sauvage a besoin de dressage, sinon il passera à la fin.

Dans des cas isolés, et il faut le noter, il y a déjà d'autres tentatives pour donner à la nouvelle ère une forme verbalisée, dont il faut mentionner en particulier le concept de capitalisme de surveillance de Shoshana Zuboff, mais cela, et pardonnez-moi ce mot, ne va pas assez loin pour expliquer suffisamment les changements mondiaux correspondants et se concentre aussi fortement sur les aspects négatifs possibles d'un développement qui peut être à la fois un bien et un malheur, la vérité se situe habituellement entre le milieu.

Le modèle du capitalisme comportemental suit donc une approche différente et neutre et n'a pas grand-chose en commun avec le capitalisme de surveillance, si ce n'est que les deux veulent aborder le même phénomène. Néanmoins, il est recommandé de travailler avec cette préparation. Cependant, comme ces pages ne visent qu'à décrire brièvement le capitalisme comportemental, un examen plus approfondi d'autres concepts ne peut avoir lieu que séparément.

Commençons donc par le sujet proprement dit et définissons-le immédiatement par une définition :

Le capitalisme comportemental est une variante du capitalisme dans laquelle le comportement humain devient le facteur central de la production et de la fourniture de biens et services.

La clé pour comprendre cette nouvelle forme de capitalisme est de considérer le comportement humain comme une ressource utilisable. De là, dans la mesure où elle peut être suffisamment gagnée, on peut en déduire, d'une part, les besoins de la population et, d'autre part, les perspectives d'action pour l'avenir. Sur la base de cette matière première, il est donc possible de fabriquer des produits et des services qui correspondent aux besoins ou aux comportements futurs. Il est également possible de négocier les données elles-mêmes sur le marché. Comment le comportement est-il défini ?

Un comportement signifie agir, tolérer et ne pas agir. Les processus peuvent être conscients ou inconscients. Elle est influencée et produite par des stimuli.

Tout cela peut sembler terriblement abstrait, mais à y regarder de plus près, le comportement a toujours été utilisé comme matière première, mais pas toujours. Nous ne voulons pas parler de la vente d'indulgences au Moyen Âge, mais de l'industrie des assurances. C'est un excellent exemple de la façon dont le comportement du client, souvent en la personne du représentant, est recherché, puis évalué par l'entreprise, et enfin utilisé pour améliorer les produits existants, c'est-à-dire les assurances, et pour créer de nouveaux services. Ce n'est que de cette manière que des développements créatifs tels que la sauvegarde de sa propre mort ont pu être imaginés. Comme il s'agit de biens immatériels, c'est-à-dire immatériels, le comportement des parties intéressées et des clients est d'une importance capitale.

Fondamentalement, elle a toujours été un facteur de production, du moins dans ces domaines, et c'est avec cette idée même que nous pouvons aborder cette nouvelle forme de capitalisme, car la reconnaissance que les besoins et le comportement des clients potentiels sont un élément important pour pouvoir offrir et vendre efficacement des produits et services n'est ni originale, ni exige une étude plus poussée.

Mais maintenant les conditions ont changé, parce que le développement technologique a conduit à de nouveaux modèles d'affaires qui ont acquis une telle influence qu'ils soulèvent la question de savoir s'ils sont devenus depuis longtemps une forme indépendante du capitalisme, le capitalisme comportemental. Ceci nous amène à la thèse centrale de cet article, qui est que de nouvelles possibilités d'écrémage comportemental ont transformé la matière première en un facteur de production et donc en une variante du capitalisme à part entière.

Le facteur central de production du capitalisme comportemental est le comportement humain.

Non pas que l'on n'ait pas toujours voulu en savoir le plus possible, mais c'est seulement avec le développement technologique susmentionné que le problème de la difficile acquisition de données comportementales a disparu dans l'air en un temps très court. Il n'est donc guère surprenant à quelle vitesse de grandes entreprises technologiques comme Amazon, Facebook ou Google sont apparues et ont commencé à collecter des données, à utiliser des comportements selon des méthodes capitalistes et à intégrer les gens petit à petit. Les algorithmes et l'automatisation ont rendu possible ce que les humains n'auraient pas été capables de faire.

C'étaient les grands capitalistes du comportement. Maintenant, ils analysent le stimulus homo et essaient de générer des informations ou des données sur la base de son comportement ou d'offrir ou de servir de médiateur pour des produits et services. Adapté à l'individu.

Le "comportement" de la matière première est devenu un facteur de production.

Ce nouveau facteur de production est aujourd'hui si important qu'il est aussi devenu indispensable pour le capitalisme classique et financier, puisque la connaissance des comportements actuels, composée de vastes quantités de données obtenues, permet dans de nombreux cas d'évaluer ou d'influencer les comportements futurs.

> **Aujourd'hui, le comportement est aussi un facteur central de production pour le capitalisme classique et financier et complète le travail, la terre et le capital.**

Ce comportement est ensuite utilisé directement comme marchandise ou transformé en produits de satisfaction et/ou de prévision dans un processus de production.

Un <u>produit de satisfaction vise à</u> satisfaire les besoins humains.

Un <u>produit de pronostic</u> prédit le comportement humain futur.

<u>Les données comportementales</u> peuvent également être échangées sans autre traitement.

Des algorithmes et de plus en plus d'intelligence artificielle prennent le relais. Pour simplifier, nous résumons ce processus décentralisé dans la métaphore descriptive de l'usine comportementale.

Le stockage du comportement ainsi que le traitement à la satisfaction et le pronostic des produits ont lieu dans l'usine de comportement.

Voilà pour les définitions de base et l'histoire du développement. Dans ce qui suit, la fonctionnalité et le processus de création de valeur du capitalisme comportemental seront examinés plus en détail.

Le cycle du capitalisme comportemental

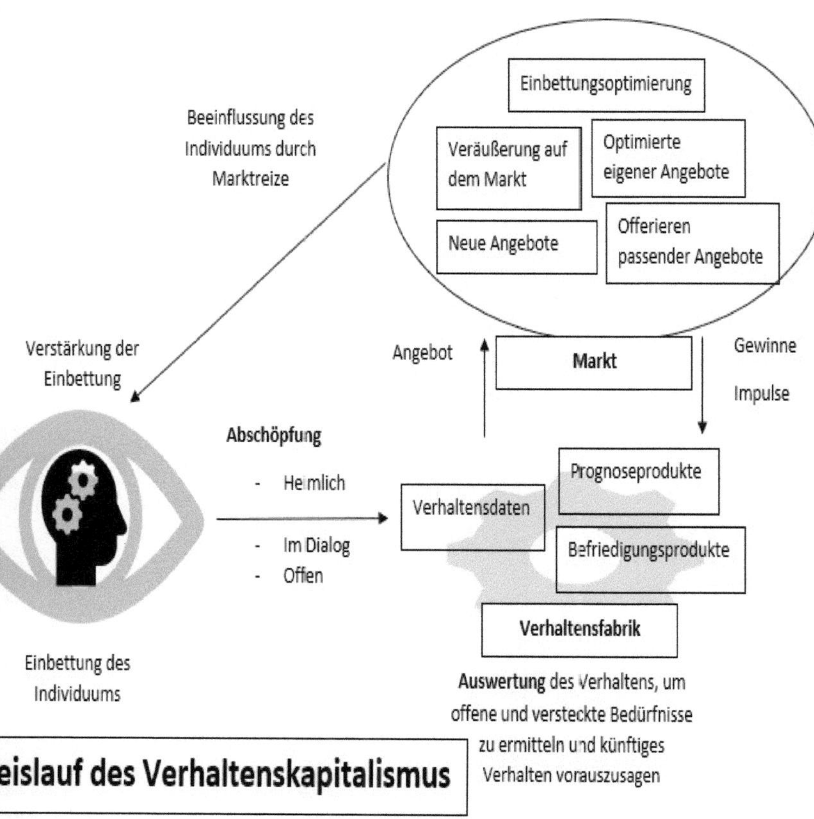

Absorption des données comportementales

Le capitalisme comportemental est basé sur le comportement de la matière première et du facteur de production, qui est créé par la réaction de l'individu aux stimuli. Il doit d'abord gagner en écrémant. Il y a toujours eu de telles tentatives, mais ce sont les progrès technologiques induits par l'évolution des temps qui ont rendu possible la récolte automatisée en grandes quantités. Le processus d'écrémage comporte trois variantes :

- **Écrémage à ciel ouvert**

    Dans ce cas, la personne est consciente que ses données seront utilisées pour produire certains produits de prévision et de satisfaction correspondants.

    Un exemple typique serait l'entrée dans un moteur de recherche. Son comportement personnel ou son intérêt personnel est utilisé ouvertement pour lui présenter le résultat désiré. Dans une minute, par exemple, 2017 sera un événement mondial :

- 3,8 millions de recherches Google

- 47 000 $ Instagram Photo Uploads

- 4,1 millions de clics vidéo sur Youtube

- 530 000 photos en clavardage avec partage de photos

- 456 000 transmissions de messages Twitter

Ces chiffres prouvent de manière impressionnante que de nombreuses données comportementales sont transmises volontairement dans de nombreux cas, car cela crée une valeur ajoutée pour l'utilisateur.

- **Écrémage dialogique**

Dans l'écrémage dialogique, l'individu et une machine (algorithme, IA) entrent dans un processus de dialogue qui sert non seulement à identifier les besoins, mais aussi à estimer le comportement futur. Ce faisant, les deux parties réagissent aux stimuli et il est maintenant possible de révéler des besoins dont l'utilisateur n'était peut-être pas conscient. L'interaction peut être ouverte ou cachée. Ce qui est important, c'est que le processus aille au-delà de l'action.

- **L'écrémage caché**

Dans le cas de l'écrémage dissimulé, le comportement est récolté et transformé ou revendu à l'insu de l'utilisateur. Par exemple, les données de profil d'un individu sont utilisées dans un réseau social pour développer des produits et services commerciaux à utiliser pour la manipulation ou le contrôle du comportement. Le cas modèle ici serait l'utilisation de 87 millions de données d'utilisateurs Facebook de Cambridge Analytica pour la campagne électorale de Donald Trump en 2017.

Les limites entre les différentes variantes sont bien sûr fluides. Par exemple, la majorité des utilisateurs de moteurs de recherche sont maintenant bien conscients que les résultats sont accompagnés d'annonces de produits portant sur la même gamme de sujets. De même, les utilisateurs de médias sociaux doivent savoir que leurs données sont utilisées pour l'intégration. Une séparation rigide des types de prélèvements n'a donc guère de sens.

Transformation dans l'usine comportementale

Les volumes de données obtenus sont maintenant stockés dans l'usine comportementale, une métaphore pour représenter un processus de traitement complexe et décentralisé plus plastiquement, et transformés en parties en produits. Des produits de prévision ainsi que des produits de satisfaction sont produits.

Les produits de prévision sont utilisés pour estimer le comportement futur d'un individu. Un exemple typique serait un utilisateur d'un réseau social qui s'intéresse à la randonnée pédestre, présente des photos et documente la participation à des événements. L'algorithme peut maintenant lire ces données et les compléter avec d'autres informations telles que l'âge, le lieu de résidence, l'inclinaison de la marque, le style, etc. Associé à la lecture de l'historique du navigateur, qui peut se produire même si vous n'êtes plus connecté au réseau correspondant, un produit de prévision est créé, dont le résultat peut être, par exemple, que précisément cet utilisateur est très susceptible de repartir pour les tours correspondants en été. Il serait donc judicieux de le confronter virtuellement, peu de temps à l'avance, avec des services (p. ex. des offres de voyage) ou des produits (p. ex. des chaussures de randonnée) appropriés. Le produit de prévision ouvre la porte à une approche ciblée.

Les produits de satisfaction, quant à eux, visent spécifiquement à satisfaire les besoins identifiés. Pas dans le futur, mais dans le présent. Il est intéressant de noter qu'un produit de satisfaction peut se référer à la fois à un besoin dont l'utilisateur est conscient et à un besoin auquel il n'a pas encore réfléchi, mais qui résulte de l'analyse du comportement. Ainsi, ce sont précisément les produits de satisfaction, mais aussi les produits de pronostic, qui ont pour fonction de révéler les besoins intérieurs de l'individu et peuvent donc être un élément important de la réalisation de soi.

Négociation sur le marché

Les produits de pronostic et de satisfaction ainsi que le comportement lui-même peuvent être utilisés ou vendus par le collecteur de données lui-même. Cela génère des profits massifs, qui sont généralement réinvestis. Pas nécessairement seulement dans le modèle d'affaires précédent, mais aussi dans d'autres domaines qui invitent à la mise en réseau. Les opportunités suivantes se présentent donc pour le marché :

- **Proposer des offres adaptées**

  Les données sont utilisées pour proposer des offres appropriées à l'individu. Il peut s'agir de services et de produits propres, mais ceux-ci sont généralement associés à la publicité pour des tiers. Le cœur du modèle d'affaires est encore visible ici aujourd'hui.

  Dans l'ensemble, on estime que 25 % des revenus publicitaires mondiaux sont maintenant générés par Facebook et Google, deux des meilleurs exemples de capitalisme comportemental appliqué. En 2016, il était encore de 20 %. Tendance à la hausse.

- **Nouvelles offres**

Le comportement rend nécessaire la conception de produits entièrement nouveaux afin de satisfaire les besoins identifiés à partir de ceux-ci. L'idée de tirer de l'observation du marché les innovations et les développements nécessaires est aussi ancienne que l'activité économique elle-même, mais grâce aux nouvelles possibilités de détourner une matière première qui était auparavant difficile à extraire, elle a atteint une toute nouvelle dimension.

- **Optimisation de ses propres offres**

Les offres propres sont améliorées et adaptées par des produits de comportement et un feedback approprié. Ceci s'applique aussi bien aux personnes qui collectent les données qu'à leurs clients. En particulier, la machine d'apprentissage s'appuie sur ces réactions pour améliorer constamment ses fonctions.

- **Vente sur le marché**

  Les volumes de données sont mis à la disposition de tiers sous forme brute ou déjà sous forme de produits de transformation pour leurs propres activités commerciales.

- **optimisation de l'intégration**

  L'individualisme collectif connaît l'enracinement de l'homme dans la création d'une réalité individuelle. Le capitalisme comportemental y contribue à travers un cycle continu d'écrémage comportemental.

Prozess der Einbettung

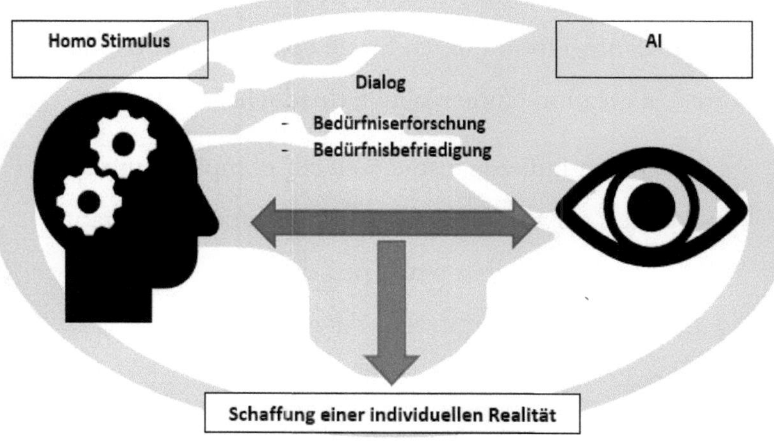

Stimulation de l'individu à réagir

Dans le cas idéal, l'individu réagit aux stimuli proposés et crée ainsi de nouveaux comportements, qui peuvent à leur tour être écrémés. Il en résulte un cycle d'intégration qui, en fin de compte, peut conduire à la création d'une réalité individuelle.

Dans un individualisme collectif complet, qui suppose bien sûr un développement technique constant, l'écrémé s'enfoncerait peu à peu dans une réalité individualisée. Cependant, cela est encore incomplet en raison de la présence de combats en milieu de combat. En même temps, le comportement des matières premières et le capital d'investissement s'accumulent, ce qui améliore encore les possibilités de l'usine de comportement et d'écrémage. Un cycle se développe. Le jeu, piloté par la machine, commence dès le début. Ainsi, d'une part, elle provoque l'enracinement de l'homme, mais en même temps, elle provoque aussi la dérive des milieux sociaux.

Inventaire et perspectives

Le capitalisme comportemental est une variante du capitalisme qui, comme le capitalisme financier, est difficile à identifier dans ses effets et ne joue donc qu'un rôle secondaire dans la perception publique et dans l'agenda politique. Il s'en sert intelligemment pour se répandre et se consolider, ce qui, dans le capitalisme, est souvent caractérisé par l'émergence de monopoles ou d'oligopoles. La situation réelle des groupes technologiques et leur pouvoir de marché le démontrent de manière impressionnante.

Le capitalisme comportemental s'est donc solidement établi, mais sans être perçu comme tel. Une technologie de pointe permet un encastrement inédit qui peut pénétrer dans les zones les plus intimes de l'individu. Un développement qui exige un examen plus attentif et qui ne doit pas continuer à avoir lieu dans l'ombre, car un capitalisme comportemental déchaîné serait une force encore plus puissante que le capitalisme financier ne l'a jamais été. Il serait un moyen de domination.

La présentation de cette évolution a été délibérément neutre, car elle comporte à la fois des opportunités et des risques. L'enracinement de l'individu dans son propre monde, qui sert à satisfaire ses propres besoins et à se réaliser, n'est d'abord pas négatif, d'autant plus qu'il ne doit pas être conçu de manière fermée. D'un autre côté, bien sûr, il y a un monde central qui contrôle en fin de compte les stimuli et les données et si le comportement ou même sa propre réalité sont manipulés. Ceci, comme le modèle du capitalisme comportemental, doit maintenant être soumis à la discussion.

Ce document est disponible sous la référence DOI 10.13140/RG.2.2.2.18058.62402 et a été publié plusieurs fois sous la même forme, en allemand et en anglais, et publié pour discussion. En

Allemagne, par exemple, dans l'hebdomadaire

"Der Freitag" :

https://www.freitag.de/autoren/aherteux/der-auf-

stieg-des-verhaltenskapitalismus

Le capitalisme comportemental - L'ascension dans l'ombre

interview

Andreas Herteux, fondateur de la Société Erich von Werner sur le fonctionnement et l'influence croissante du capitalisme comportemental, qu'il a étudié, analysé et identifié.

Monsieur Herteux, vous avez décrit un nouveau type de capitalisme. Comment le décririez-vous en quelques mots ?

Le capitalisme comportemental est une variante du capitalisme dans laquelle le comportement humain devient le facteur central de la production et de la fourniture de biens et services.

Ça semble très abstrait au début.

C'est vrai et cela rend aussi très difficile la reconnaissance du capitalisme comportemental. En fait, ce n'est pas si difficile. Pensons à un boulanger et à ses petits pains. Nous devrions tous savoir de quelles matières premières il aura besoin pour le processus de production. Pour nos petits pains, peut-être de la farine, de l'eau, de la levure et du sel. Passons de la boulangerie à Internet. La plupart d'entre nous ont déjà rencontré la publicité personnalisée. Par exemple, nous avons cherché des vacances à la montagne et soudain nous sommes confrontés à des courriels, des bannières publicitaires et des reportages sur les médias sociaux à ce sujet. Cependant, cette publicité personnalisée ne peut nous être adressée que si notre comportement, en l'occurrence la requête de recherche, a été évalué au préalable. Tous les services, les publicités, les suggestions d'amitié - tous ces petits pains étaient faits d'une seule pâte : notre comportement qui était auparavant ouvert, dissimulé ou écrémé dans le dialogue et ensuite évalué, ce qui signifie que cette matière première était transformée en produits de pronostic et de satisfaction dans une usine comportementale métaphorique afin d'obtenir pour nous quelque chose de particulier du four méta-phorique.

Si vous regardez les choses du point de vue du comportement, est-ce que le comportement est la farine des entreprises de l'Internet ?

C'est vrai, le comportement humain est donc évidem-ment une matière première utilisable et cette matière première s'est transformée, grâce aux progrès techno-logiques, en un facteur de production, ce qui a conduit à des modèles économiques totalement nouveaux, qui ont entre-temps une influence considérable sur la vie économique, politique et sociale. Il serait fatal de ne parler ici que d'un seul modèle d'entreprise, car sa puissance est beaucoup trop grande pour cela. Il s'agit plutôt d'une nouvelle variante du capitalisme : le capitalisme comportemental.

L'utilisation du comportement humain est-elle vraiment un phénomène nouveau ?

Bien sûr, le comportement humain a toujours été un facteur et une matière première essentiels. Déjà seul dans les domaines de la vente et du marketing, mais aussi comme matière première. Pensons à l'industrie de l'assurance qui, bien avant l'ère moderne, avait déjà écrémé le "comportement" des clients et conçu de nouveaux produits et optimisé d'anciens produits. Dans cette industrie, cette matière première a toujours été une base de plus en plus importante pour les affaires. D'ailleurs, aussi en politique ou, si vous l'aimez historiquement, dans la vente d'indulgences. Cependant, les progrès techniques ont presque infiniment augmenté les possibilités d'écrémage comportemental et ils n'ont plus besoin d'un être humain pour l'évaluation, mais, pour dire les choses simplement, seulement de la machine à apprendre. Juste deux chiffres pour le souligner : Google à lui seul avait environ 3,8 millions de recherches d'ici 2017 et Youtube 4,1 millions de clics vidéo. Par minute. Vous pouvez calculer approximativement combien de données comportementales peuvent être écrémées en une journée et pour la plupart un produit ou un service peut même être produit et offert immédiatement, même si ce n'est que la réponse à une requête de recherche.

Mon agent d'assurance ne peut que rêver de telles quantités de données.

Les compagnies d'assurance sont beaucoup mieux positionnées aujourd'hui, mais vous pouvez voir la différence au bon endroit. Seul un changement des temps, dont les éléments incluent également le développement rapide et dynamique de la technologie et le conditionnement de l'homme à son utilisation, qui serait décrit comme une société irritante, où l'on ne veut pas dériver vers la psychologie, a transformé une matière première en facteur de production. Aujourd'hui, nous pouvons donc parler de capitalisme comportemental.

Existe-t-il un parallèle pour une telle évolution ?
Oui, selon un principe similaire, le capitalisme financier a dépassé le capitalisme classique. Bien que le capital ait toujours été un facteur économique de production, il était bien trop tard pour se rendre compte qu'il avait conduit, en tant qu'élément indépendant, à une nouvelle variété de capitalisme. Aujourd'hui encore, la reconnaissance et l'interprétation correcte de ses mécanismes posent d'importants problèmes. C'est pour ça qu'il peut agir un peu sous le radar. Ici, il y a un parallèle avec le capitalisme comportemental.

Sohsana Zuboff met également en garde contre les dangers d'une telle évolution, bien qu'elle n'utilise pas le terme "capitalisme comportemental" que vous avez inventé, mais parle du capitalisme de surveillance.

Oui et j'apprécie beaucoup son travail méticuleux et critique, mais son concept de capitalisme de surveillance n'a pas grand chose en commun avec le modèle du capitalisme comportemental. Mme Zuboff voit son capitalisme de surveillance, et le mot trahit déjà cela, comme quelque chose de fondamentalement négatif et fait par l'homme, que quelques personnes ont imaginé il y a quelques années chez Google pour gagner consciemment pouvoir, richesse et influence. Pour le capitalisme comportemental, par contre, le développement est une conséquence logique du capitalisme et est en continuité. Ce n'est pas une dégénérescence, comme elle l'appelle, mais l'eau coule simplement. Des entreprises comme Google ont émergé de cette rivière et non à l'extérieur, quelque part sur la river sèche.

Néanmoins, vous mettez tous les deux en garde contre les dangers.

Il est vrai, cependant, que le capitalisme de surveillance ne voit le développement que d'un œil négatif. Il veut mettre en garde, il veut être subjectif et ne pas nécessairement montrer un modèle comme une représentation de la réalité. C'est exactement ce que veut le capitalisme comportemental, c'est pourquoi il évalue les opportunités et les risques et s'efforce de présenter de manière neutre les mécanismes généraux. Bien sûr, il voit aussi les possibilités de manipulation, mais aussi de l'autre côté.

Pensez simplement à notre exemple de requêtes de recherche. Vous recevrez également une réponse de Google & Co. et Youtube vous montrera la vidéo souhaitée. Le contenu personnalisé n'a pas besoin d'être fondamentalement mauvais, même s'il est caché, car avec l'intégration, il peut même être possible d'identifier des besoins que les gens n'auraient jamais découverts sans cette nouvelle technologie. Prenons l'exemple des vacances à la montagne. Peut-être que la machine à apprendre vous fait comprendre que l'alpinisme a toujours été votre passion ? Serait-ce mal si vous découvriez un tel besoin intérieur ?

Par contre, il y a bien sûr aussi la possibilité de manipulation. Nous devons nous défendre contre eux, mais nous ne devons pas nous tromper, autant que nous le voulons. Des segments plus importants de la population, c'est-à-dire de nombreux milieux, échangeront volontiers une partie de leur liberté contre une intégration qui détermine leurs besoins et les satisfait. Peut-être même que certains homostimulants ont pour la première fois la possibilité de s'épanouir. Cela semble effrayant pour certaines oreilles, mais ce sera la réalité. Mais la résignation ne serait pas la bonne réaction. Au contraire, la réalité devrait nous encourager à faire comprendre à tous qu'ils n'ont pas à choisir : incrustation ou liberté, mais peut avoir les deux. Mais il n'y a même aucun signe de cela. Une situation très dangereuse.

Comment affronter les dangers du capitalisme comportemental ?

Tout d'abord en les reconnaissant et en les replaçant dans le bon contexte. Le capitalisme comportemental, avec la société de stimulation, déclenchera une ère d'individualisme collectif, dans laquelle le processus d'individualisation sera cependant entravé par les luttes des milieux. Des points fondamentaux sur lesquels la société Erich von Werner se penche en profondeur, car c'est là aussi la cause de la situation sociale difficile à voir et non pas dans des modèles explicatifs obsolètes du siècle précédent, tels que le schéma gauche-droite obsolète.

Cela et le fait que nous sommes à l'aube d'une nouvelle ère qui changera radicalement l'équilibre international du pouvoir dans les décennies à venir doivent être réalisés et acceptés. Quelque chose bouge. Même si nous le reconnaissions, nous aurions besoin d'idées et, malheureusement, nous sommes devenus très peu imaginatifs ou capitulons devant un monde complexe et tant d'interrelations, nous avons donc besoin d'une solution globale qui puisse résoudre tous ces problèmes. Avec le modèle de l'hégémonie alternative (modèle AH), nous avons présenté un tel modèle qui pourrait corriger le capitalisme et relever les grands défis de notre temps. Avec elle, nous pouvons transformer le capitalisme en une économie de marché à valeur ajoutée.

Le changement pour le mieux est donc possible. Tout ce qu'il faut, c'est du courage.

L'interview a été publiée en allemand et en anglais dans différents médias. Par exemple, il est disponible ici : https://www.dailypress.com/dp-ugc-

article-behavioral-capitalism-andreas-herteux-on-th-2-2019-09-18-story.html

Capitalisme comportemental et capitalisme de surveillance - Comparaison de deux interprétations du développement du capitalisme

- Le capitalisme comportemental considère l'absorption et l'utilisation des données comportementales comme une évolution capitaliste logique dans la continuité historique et donc comme une évolution inévitable.

- Le capitalisme de surveillance fait la distinction entre les comportements nécessaires pour optimiser les services existants et les données qui ne sont pas nécessaires pour eux. Il considère l'utilisation du "comportement excessif" comme une forme de capitalisme explicitement artificiel, non obligatoire et dégénéré, dont le but ultime est l'accumulation du pouvoir, de la richesse et de l'influence.

- Le comportement a toujours été une matière première du capitalisme comportemental, qui est devenu un facteur de production grâce au développement technique.

- Dans le capitalisme de surveillance, Google a découvert ce que l'on appelle le "comportement excédentaire" et l'a exploité gratuitement par cette entreprise et d'autres.

- Le capitalisme comportemental voit à la fois les opportunités et les risques de ce développement.

- Le capitalisme de surveillance, en revanche, est interprété exclusivement de manière négative.

- Le capitalisme comportemental s'inscrit dans un contexte dont il ne peut être arraché, et la connaissance de ces liens est indispensable pour y faire face et le comprendre.

- Le capitalisme de surveillance est une construction isolée, finalement créée il y a quelques années, dont l'auteur se trouve entre autres chez Google et peut donc aussi être combattu de cette manière.

Remarques introductives

En très peu de temps, le développement technologique a rendu possibles de nouveaux modèles d'affaires, modifié les relations de pouvoir et, en fin de compte, créé une nouvelle forme de capitalisme. Cette évolution est souvent considérée d'un œil critique, mais jusqu'à présent, ce débat manque encore d'une structure et de modèles avec lesquels une classification ciblée et également simple peut servir de base à une large discussion. Il y a déjà eu des premières tentatives pour les établir et deux interprétations de cette évolution seront traitées dans ce qui suit.

Ce sont le concept du capitalisme de surveillance et le modèle du capitalisme comportemental. Différentes approches à contraster pour montrer qu'il ne s'agit pas d'établir de nouveaux modèles d'affaires, mais d'une nouvelle forme de capitalisme qui exige toute notre attention, car elle risque d'exercer une influence sérieuse sur la vie sociale, sociétale, politique et économique qui touche au domaine le plus étroit de l'individu. Ce pouvoir ne peut et ne doit pas se cacher dans l'ombre, mais doit faire partie d'un débat public qui serait grandement facilité par une présentation structurée de ce développement du capitalisme.

Les principales caractéristiques du capitalisme de surveillance ont été présentées par Shoshana Zuboff dans son livre "The Age of Surveillance Capitalism".[1] Ce travail sert de base principale à la discussion et aux comparaisons entre le concept de capitalisme de surveillance et celui de capitalisme comportemental. En ce qui concerne la méthodologie, il convient également de noter que les citations et donc aussi les numéros de page renvoient à la version allemande de l'ouvrage.[2] Cela se justifie par le fait que le livre a été

---

[1] Zuboff, Shoshana, The Age of Surveillance Capitalism : The Fight for the Future at the New Frontier of Power Profile Books ; 31. 01.2019

[2] Zuboff, Shoshana, The Age of Surveillance Capitalism. Maison d'édition du campus 4 octobre 2018 ; 04 octobre 2018

publié pour la première fois en allemand et qu'un grand nombre d'interviews ou de rapports complémentaires sont disponibles.[3] Toutes les réunions tenues en anglais, cependant, ont été incluses dans l'évaluation globale de la même manière que les réunions non anglophones.

D'autre part, les résultats de nos propres recherches sont présentés, dont la publication est cependant encore plus récente et doit encore faire l'objet d'un processus d'établissement et d'acceptation.

Les objectifs de cet écrit sont donc :

1) Comparer deux interprétations fondamentales du développement du capitalisme

---

[3] Il est reconnu que des différences mineures sont possibles dans la rétro-traduction vers l'anglais.

2) Contribuer à rendre ce nouveau phénomène descriptible et à lui donner une structure médiocre

3) Créer une base de discussion sur les opportunités et les risques du développement capitaliste.

Il convient de noter d'emblée que l'auteur de cet article est également l'auteur des traités sur le capitalisme comportemental.

1. Définitions et origine

Shosana Zuboff résume le développement moderne du capitalisme sous le terme de "capitalisme de surveillance". Il offre une définition plus longue, qui doit être considérée étape par étape et comparée à celle du capitalisme comportemental :

> "[...][Le capitalisme de surveillance est] une nouvelle forme de marché qui revendique l'expérience humaine comme une matière première gratuite pour ses opérations commerciales cachées d'extraction, de prévision et de vente."[4]

Dans le capitalisme de surveillance, l'homme joue en fin de compte le rôle d'un champ qui est récolté par les entreprises technologiques afin de gagner de

---

[4] La définition se trouve dans l'introduction et n'a donc pas de numéro de page distinct.

l'argent avec les produits gagnés à la fin, ainsi que pour gagner du pouvoir et de l'influence.

Parallèlement, il est souligné que le capitalisme de surveillance peut être décrit comme une nouvelle forme de marché par son influence sur la vie sociale, personnelle, sociale, politique et économique.

Cela devrait être comparé à la définition du capitalisme comportemental, qui présente quelques similitudes et beaucoup plus de différences :

> *"Le capitalisme comportemental est une variante du capitalisme dans laquelle le comportement humain devient le facteur central de la production et de la fourniture de biens et services.*[5]

La définition du capitalisme comportemental est plus large parce qu'elle se concentre uniquement sur le

---

[5] Herteux, Andreas, Le capitalisme comportemental - Une nouvelle variété de capitalisme gagne en puissance et en influence

rang du "comportement" comme facteur de production. Cependant, le capitalisme comportemental suppose aussi qu'il s'agit d'une nouvelle forme de capitalisme. Les deux modèles sont donc d'accord sur ce point. Une différence intéressante, cependant, est qu'elle met l'accent sur le comportement humain plutôt que sur l'expérience. Le comportement est défini comme suit :

> "On entend par comportement le fait d'agir, de tolérer et de ne pas agir. Le
>
> Les processus peuvent être conscients ou inconscients. Elle est influencée et produite par des stimuli. (....) Le *facteur central de production du capitalisme comportemental est le comportement humain.*"[6]

---

[6] Herteux, Andreas, Le capitalisme comportemental - Une nouvelle variété de capitalisme gagne en puissance et en influence

Qu'il ne s'agisse toutefois que d'un flou linguistique, l'expérience n'est plus mentionnée dans l'aperçu graphique (" The Discovery of the Surplus of Behaviour " ; page 121) du livre de Zuboff. Les termes peuvent être compris ici comme synonymes.

Dans le capitalisme comportemental, en revanche, on parle délibérément de comportement parce qu'il est basé sur la théorie de la société de stimulus, qui suppose un développement en un stimulus homo.[7]

---

[7] Herteux Andreas, Die Reizgesellschaft - En route vers l'ère de l'individualisme collectif ;
"Une société de stimulation est généralement comprise comme une association d'individus qui sont exposés à des stimuli qui influencent une forte fréquence, qui sont généralement générés artificiellement, et qui ont des difficultés ou sont incapables de résister à ces stimuli, ou qui dans certains cas ne souhaitent pas y résister. (...) Le stimulus homo, le stimulus homme, émerge."

L'origine du capitalisme de surveillance

Les différences deviennent plus claires lorsque l'on examine la définition plus large du capitalisme de surveillance. Zuboff[8] décrit ceci comme *"une forme de capitalisme coupée de son genre, caractérisée par une concentration de richesse, de connaissance et de pouvoir sans précédent dans l'histoire humaine"*.

Cependant, le capitalisme de surveillance n'est pas seulement une anomalie, il a été créé consciemment par quelques personnes au début du passé récent et a utilisé pour augmenter constamment son propre pouvoir :

"Le capitalisme de surveillance commence par la découverte de l'excédent de

---

[8] La définition se trouve dans l'introduction et n'a donc pas de numéro de page distinct.

comportements (...) Avant tout,[9] *nous devons garder une chose à l'esprit : Le capitalisme de surveillance a été inventé par un groupe spécifique de personnes, à un moment précis, dans un lieu précis. Elle n'est pas nécessairement le résultat de la technologie numérique ou du capitalisme de l'information. Il a été consciemment créé (...)*[10]

"Google avait obtenu ses premiers succès dans le commerce en ligne au début des années 2000 et prévoyait ensuite des taux de clics pour des annonces sur mesure. Mais la surveillance ne se limite plus à la publicité en ligne. Les produits créés par la surveillance sont de plus en plus lucratifs par rapport aux

---

[9] Page 121

[10] Zuboff, page 108

produits et services traditionnels. Des entreprises de tous les horizons se disputent nos données comportementales afin de pouvoir prédire ce que nous agirons, quand et comment nous agirons, ressentirons, désirerons et achèterons."[11]

"Le capitalisme de surveillance est un phénomène historique, pas une fatalité technologique. Il a été inventé vers 2001 par une société appelée Google."[12]

---

[11] Entretien avec le Süddeutsche Zeitung du 07.11.2018 ; https://www.sueddeutsche.de/digital/shoshana-zuboff-ueberwachungskapitalismus-google-facebook-1.4198835

[12] Interview avec l'hebdomadaire "Der Freitag" du 02.04.2019 ; https://www.freitag.de/autoren/the-guardian/tyrannei-die-sich-von-menschen-ernaehrt

Il n'est donc compréhensible que si le capitalisme de surveillance est finalement perçu négativement, car c'est l'Etat de l

> "[...] parasitaire (...) fondement et cadre d'une économie de surveillance (...) à l'origine d'un nouveau pouvoir instrumental qui revendique au-dessus de la société et confronte la démocratie de marché à des défis inquiétants[...] vise un nouvel ordre collectif sur la base d'une certitude totale[...] une expropriation des droits humains critiques qui peut être comprise au mieux comme un coup d'Etat d'en haut, la chute de la souveraineté populaire".[13]

L'origine du capitalisme comportemental

---

[13] La définition se trouve dans l'introduction et n'a donc pas de numéro de page distinct.

Contrairement au capitalisme de surveillance, le capitalisme comportemental considère les développements du capitalisme non pas comme un plan fait par l'homme, mais comme un développement logique et convaincant du capitalisme lui-même.

Ce n'est pas Google & Co. qui a développé un modèle d'affaires, mais le changement ces temps a[14] ouvert une nouvelle direction pour le capitalisme, qui n'a été prise que par les entreprises technologiques.

Il n'était donc pas nécessaire qu'une entreprise découvre une quelconque forme de comportement dans l'arrière-salle, mais le comportement a toujours été une matière première. L'industrie de l'assurance en est un bon exemple : elle a étudié, évalué et utilisé le comportement des clients bien avant l'ère de l'Internet pour optimiser les produits d'assurance actuels et en créer de nouveaux. Fondamentalement, elle a toujours été un facteur de production, du moins dans ces

---

[14] Herteux Andreas, Concept du changement de temps

domaines, et c'est avec cette idée même que nous pouvons aborder cette nouvelle forme de capitalisme, car la reconnaissance que les besoins et le comportement des clients potentiels sont un élément important pour pouvoir offrir et vendre efficacement des produits et services n'est ni originale, ni exige une étude plus poussée.

Mais grâce aux nouvelles technologies, à l'établissement de la société irritante et aux possibilités d'écrémage mécanique, un petit affluent s'est formé à partir du courant principal rapide du capitalisme qui, avec le temps, est devenu un plan d'eau dangereux. Une évolution que nous avons déjà vécue avec le capitalisme financier. Là aussi, le capital a été un moyen important dès le début, mais il s'est ensuite séparé et a fondé une variété indépendante de capitalisme. Le fruit avait poussé sur l'arbre, mais la graine est tombée sur le sol et y a poussé à une vitesse incroyable. Il n'est donc guère surprenant à quelle vitesse de grandes entreprises technologiques comme Amazon, Facebook ou Google sont apparues et ont commercé à collecter des données dès que les possibilités se sont présentées. Il était donc logique d'utiliser le comportement selon les méthodes capitalistes et d'intégrer les gens petit à petit. Les algorithmes et l'automatisation ont rendu possible ce que les gens n'auraient pas été capables de faire et la matière première et les simples moyens de production sont devenus le facteur de production d'un nouveau capitalisme : le capitalisme comportemental.

Entwicklung der Spielarten des Kapitalismus

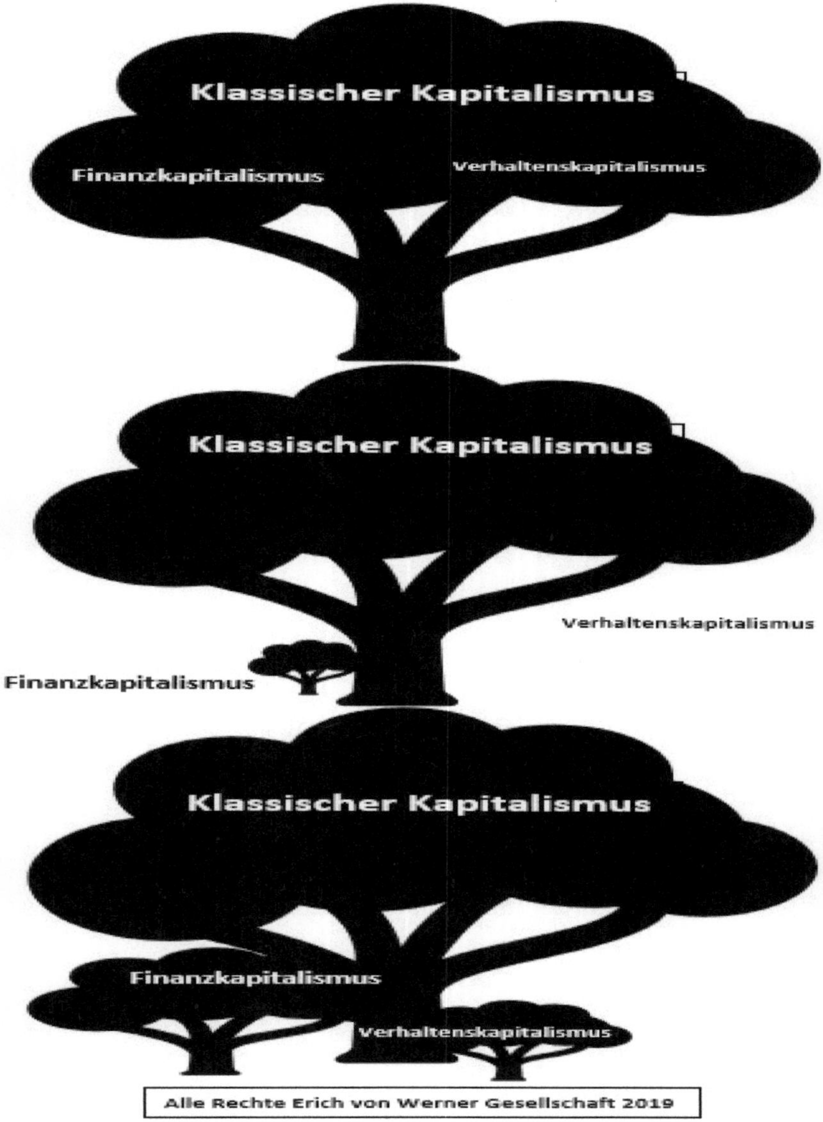

Klassischer Kapitalismus
Finanzkapitalismus
Verhaltenskapitalismus

Klassischer Kapitalismus
Verhaltenskapitalismus
Finanzkapitalismus

Klassischer Kapitalismus
Finanzkapitalismus
Verhaltenskapitalismus

2. Comment cela fonctionne

Après avoir considéré la définition et l'origine, les fonctionnalités des deux descriptions doivent maintenant être comparées.

capitalisme surveillant

Zuboff explique le fonctionnement du capitalisme de surveillance comme suit :

> *"Le capitalisme de surveillance revendique une expérience humaine unilatérale comme matière première pour la transformation en données comportementales (....)"*[15]

A ce stade, on suppose que le capitalisme de surveillance, qui n'est en fin de compte que l'outil en moins, est utilisé pour siphonner l'expérience sans

---

[15] Zuboff, page 22

considération humaine.[16] Un point très important, parce que dans l'idée du capitalisme de surveillance, l'individu n'est que la vache dans l'étable, qui est constamment trayée et finalement, métaphoriquement, avec la perte de liberté, abattue. Les objections, telles que le fait que la personne qui saisit une requête de recherche reçoive en retour une liste de résultats ou qu'un écrémage dissimulé puisse également servir à identifier les besoins, ne sont pas acceptées.

"Il est difficile de déterminer notre position actuelle dans cette constellation. Tout d'abord, on nous a dit à quel point nous pouvions être heureux d'obtenir des services

---

[16] Un certain problème se pose ici encore une fois, par l'utilisation du terme vague d'"expérience humaine". L'"expérience" est-elle écrémée par la saisie d'un terme dans un moteur de recherche ? Ou juste le comportement, l'entrée. Lorsque les données d'un profil Facebook sont utilisées pour l'évaluer, utilise-t-on des valeurs empiriques ? Non, en fin de compte, il ne s'agit que du comportement de saisie lors de la création et de la gestion du profil.

gratuits. Lorsque nous avons découvert que les entreprises recueillaient des données à notre sujet, nous étions "le produit". Et on nous a dit que c'était un commerce équitable. Mais nous ne sommes pas le produit, mais la source, la matière première librement accessible. Ceci est à son tour transformé en produits qui servent les intérêts de ceux qui bénéficient de notre comportement futur."[17]

"Ils ont déclaré qu'ils avaient le droit d'acquérir notre expérience privée, de la transformer en données afin de la posséder comme propriété privée. Google a commencé à prétendre unilatéralement que le World Wide Web lui appartenait ainsi qu'à son

---

[17] Entretien avec le Süddeutsche Zeitung du 07.11.2018 ; https://www.sueddeutsche.de/digital/shoshana-zuboff-ueberwachungskapitalismus-google-facebook-1.4198835

moteur de recherche. (...) Une fois que nous avons cherché sur Google, maintenant Google nous cherche. Nous pensions que les services numériques étaient disponibles gratuitement, maintenant les capitalistes de la surveillance pensent que nous sommes librement disponibles."[18]

Le capitalisme de surveillance n'interprète donc pas seulement la relation entre les capitalistes de surveillance et les utilisateurs comme étant unilatérale et parasitaire, mais met clairement en garde contre une nouvelle aggravation de ce déséquilibre :

"Mais aussi parce qu'un tel développement parasitaire est devenu la base d'un capitalisme lucratif du XXIe siècle. Il y a

---

[18] Interview avec l'hebdomadaire "Der Freitag" du 02.04.2019 ; https://www.freitag.de/autoren/the-guardian/tyrannei-die-sich-von-menschen-ernaehrt

maintenant une concentration sans précédent de connaissances et de pouvoir, libre de tout contrôle démocratique et hors de notre contrôle individuel. Le capitalisme de surveillance est basé sur des asymétries du savoir historiquement inimaginables. Les capitalistes de la surveillance savent tout sur nous. Nous savons très peu de choses sur ce qu'ils font ou ce qu'ils savent. Ils utilisent leur avantage du savoir pour influencer notre comportement. C'est un tout nouveau type de pouvoir.[19]

Une fois les prélèvements perçus, les données obtenues sont divisées :

---

[19] Entretien avec le Süddeutsche Zeitung du 07.11.2018 ; https://www.sueddeutsche.de/digital/shoshana-zuboff-ueberwachungskapitalismus-google-facebook-1.4198835

"Certaines de ces données sont utilisées pour améliorer les produits et les services, le reste est déclaré comme un surplus de comportement propriétaire à partir duquel, à l'aide de procédés de fabrication avancés, que l'on peut résumer sous le terme "machines ou intelligence artificielle", on produit des produits de prévision qui anticipent ce qu'ils vont faire maintenant, dans un avenir proche, ou dans le futur. Enfin, ces produits de prévision sont négociés sur un nouveau type de marché de prévision comportementale, [...][appelé] le marché à terme comportemental.[20]

A ce stade, il devient quelque peu flou, car on ne distingue pas toujours clairement si le capitalisme de

---

[20] Zuboff, page 22

surveillance21 décrit seulement l'utilisation de ce qu'on appelle les "nouveaux moyens de production" ou aussi celle de l'amélioration. Le libellé devrait faire référence aux deux.

La question de savoir si ce n'est pas l'une des caractéristiques fondamentales de l'économie capitaliste que de nouveaux produits, services et innovations soient générés à partir des excédents de moyens de production reste ouverte. Il en va de même pour la question de savoir si l'identification des besoins et des exigences, qui n'est en fin de compte rien d'autre qu'une étude de marché par des moyens modernes, ne doit pas être la base commerciale de toute entreprise qui ne peut opérer sur le marché d'un vendeur, sous protection étatique ou dans un oligopole ou monopole.

La séparation pose également des problèmes précisément parce que Zubuff voit d'un œil

---

21 Zuboff, page 121

particulièrement critique les données qui ne sont pas
nécessaires à l'optimisation, c'est-à-dire le "surplus de
comportement" :

> *"Il y a plus de données comportementales qu'il n'en faut pour améliorer le service. Ce surplus fournit un nouveau moyen de production qui produit des prévisions à partir du comportement des utilisateurs. Ces produits sont vendus à des clients d'affaires sur de nouveaux contrats à terme comportementaux. Le cycle de réinvestissement de la valeur comportementale est soumis à cette nouvelle logique.*[22]

Mais n'est-il pas vrai que les données utilisées pour
l'optimisation et la prévision ne devraient pas être lar-
gement identiques ? Et à qui s'adressent les nouveaux
produits ? Pour les clients d'affaires seulement ? Pas

---

[22] Zuboff, page 121

pour le client lui-même ? Et le marché n'est-il pas beaucoup plus grand que ce qui est décrit ici ? C'est un peu comme essayer de faire la différence entre le bon nouveau capitalisme ("optimisation des services") et le mauvais nouveau capitalisme ("utilisation et généra-tion d'excédents comportementaux"), mais cette diffé-renciation a-t-elle vraiment un sens ?

Ces questions peuvent ne pas être pertinentes si l'on veut représenter seulement un mécanisme d'ex-ploitation créé en dehors de la norme capitaliste, dans le but d'accumuler le pouvoir, l'influence et la richesse de quelques-uns, mais elles deviennent pertinentes quand on cherche une structure globale d'un nouveau capitalisme, et c'est précisément le but du présent document : Rendre visible dans l'ombre ce qui est discret et généralement compréhensible.

capitalisme comportemental

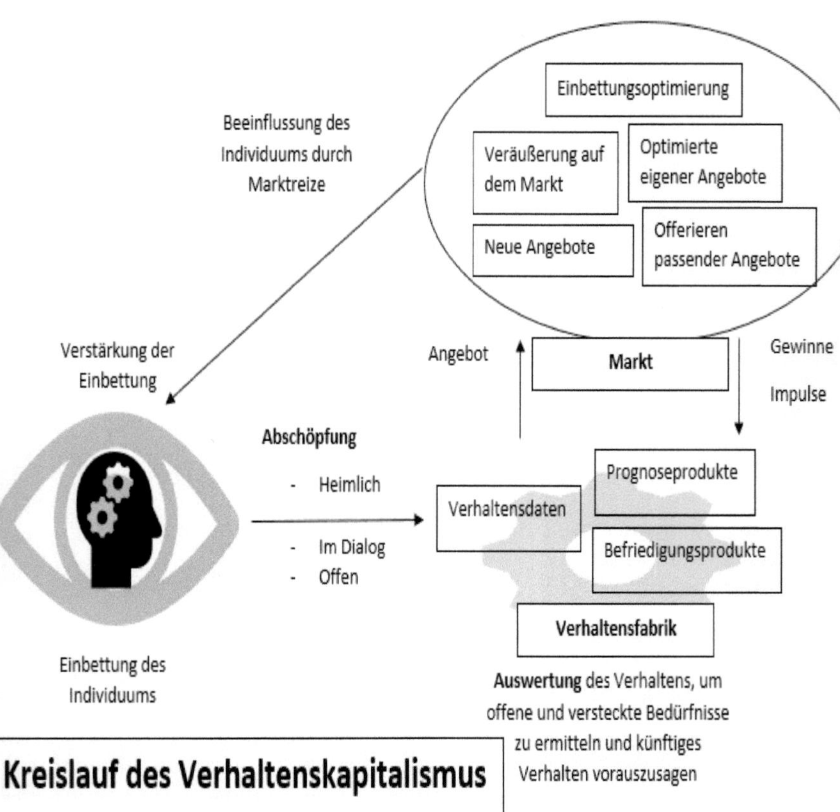

Absorption des données comportementales

> **Aujourd'hui, le comportement est aussi un facteur central de production pour le capitalisme classique et financier et complète le travail, la terre et le capital.**

Le capitalisme comportemental est basé sur le comportement de la matière première et du facteur de production, qui est créé par la réaction de l'individu aux stimuli. Il doit d'abord gagner en écrémant. Il y a toujours eu de telles tentatives, mais ce sont les progrès technologiques induits par l'évolution des temps qui ont rendu possible la récolte automatisée en grandes quantités. Le processus d'écrémage comporte trois variantes dont les transitions peuvent être fluides :

- **Écrémage à ciel ouvert**

- **Écrémage dialogique**

- **L'écrémage caché**

Transformation dans l'usine comportementale

Les volumes de données obtenus sont maintenant stockés dans l'usine comportementale, une métaphore pour représenter un processus de traitement complexe et décentralisé plus plastiquement, et transformés en parties en produits. Des produits de prévision ainsi que des produits de satisfaction sont produits.

> **Un <u>produit de satisfaction vise à</u> satisfaire les besoins humains.**
>
> **Un <u>produit de pronostic</u> prédit le comportement humain futur.**
>
> **<u>Les données comportementales</u> peuvent également être échangées sans autre traitement.**

Les produits de prévision sont utilisés pour estimer le comportement futur d'un individu. Un exemple typique serait un utilisateur d'un réseau social qui s'intéresse à la randonnée pédestre, présente des photos et documente la participation à des événements. L'algo-rithme peut maintenant lire ces données et les com-pléter avec d'autres informations telles que l'âge, le lieu de résidence, l'inclinaison de la marque, le style, etc. Associé à la lecture de l'historique du navigateur, qui peut se produire même si vous n'êtes plus connecté au réseau correspondant, un produit de prévision est créé, dont le résultat peut être, par exemple, que précisément cet utilisateur est très susceptible de re-partir pour les tours correspondants en été. Il serait donc judicieux de le confronter virtuellement, peu de temps à l'avance, avec des services (p. ex. des offres de voyage) ou des produits (p. ex. des chaussures de ran-donnée) appropriés. Le produit de prévision ouvre la porte à une approche ciblée.

Les produits de satisfaction, quant à eux, visent spécifiquement à satisfaire les besoins identifiés. Pas dans le futur, mais dans le présent. Il est intéressant de noter qu'un produit de satisfaction peut se référer à la fois à un besoin dont l'utilisateur est conscient et à un besoin auquel il n'a pas encore réfléchi, mais qui résulte de l'analyse du comportement. Ainsi, ce sont précisément les produits de satisfaction, mais aussi les produits de pronostic, qui ont pour fonction de révéler les besoins intérieurs de l'individu et peuvent donc être un élément important de la réalisation de soi.

Négociation sur le marché

Les produits de pronostic et de satisfaction ainsi que le comportement lui-même peuvent être utilisés ou vendus par le collecteur de données lui-même. Cela génère des profits massifs, qui sont généralement réinvestis. Pas nécessairement seulement dans le modèle d'affaires précédent, mais aussi dans d'autres domaines qui invitent à la mise en réseau. Les opportunités suivantes se présentent donc pour le marché :

- **Proposer des offres adaptées**

Les données sont utilisées pour proposer des offres appropriées à l'individu. Il peut s'agir de services et de produits propres, mais ceux-ci sont généralement associés à la publicité pour des tiers. Le cœur du modèle d'affaires est encore visible ici aujourd'hui.

Dans l'ensemble, on estime que 25 % des revenus publicitaires mondiaux sont maintenant générés par Facebook et Google, deux des meilleurs exemples de capitalisme comportemental appliqué. En 2016, il était encore de 20 %. Tendance à la hausse.

- **Nouvelles offres**

Le comportement rend nécessaire la conception de produits entièrement nouveaux afin de satisfaire les besoins identifiés à partir de ceux-ci. L'idée de tirer de l'observation du marché les innovations et les développements nécessaires est aussi ancienne que l'activité économique elle-même, mais grâce aux nouvelles possibilités de détourner une matière première qui était auparavant difficile à extraire, elle a atteint une toute nouvelle dimension.

● **Optimisation de ses propres offres**

Les offres propres sont améliorées et adaptées par des produits de comportement et un feedback approprié. Ceci s'applique aussi bien aux personnes qui collectent les données qu'à leurs clients. En particulier, la machine d'apprentissage s'appuie sur ces réactions pour améliorer constamment ses fonctions.

● **Vente sur le marché**

Les volumes de données sont mis à la disposition de tiers sous forme brute ou déjà sous forme de produits de transformation pour leurs propres activités commerciales.

- **optimisation de l'intégration**

    L'individualisme collectif connaît l'enracinement de l'homme dans la création d'une réalité individuelle. Le capitalisme comportemental y contribue à travers un cycle continu d'écrémage comportemental.

Prozess der Einbettung

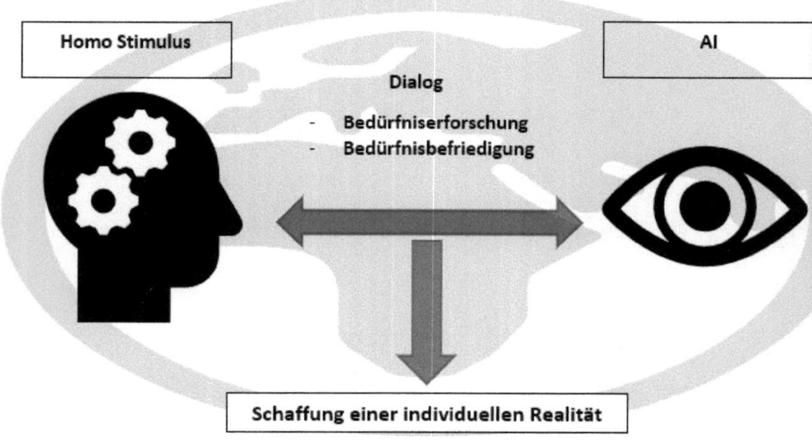

Stimulation de l'individu à réagir

Dans le cas idéal, l'individu réagit aux stimuli proposés et crée ainsi de nouveaux comportements, qui peuvent à leur tour être écrémés. Il en résulte un cycle d'intégration qui, en fin de compte, peut conduire à la création d'une réalité individuelle.

Dans un individualisme collectif complet, qui suppose bien sûr un développement technique constant, l'écrémé s'enfoncerait peu à peu dans une réalité individualisée. Cependant, cela est encore incomplet en raison de la présence de combats en milieu de combat. En même temps, le comportement des matières premières et le capital d'investissement s'accumulent, ce qui améliore encore les possibilités de l'usine de comportement et d'écrémage. Un cycle se développe. Le jeu, piloté par la machine, commence dès le début. Ainsi, d'une part, elle provoque l'enracinement de l'homme, mais en même temps, elle provoque aussi la dérive des milieux sociaux.

3. considération

Le capitalisme comportemental est une variante du capitalisme qui, comme le capitalisme financier, est difficile à identifier dans ses effets et ne joue donc qu'un rôle secondaire dans la perception publique et dans l'agenda politique. Il s'en sert intelligemment pour se répandre et se consolider, ce qui, dans le capitalisme, est souvent caractérisé par l'émergence de monopoles ou d'oligopoles. La situation réelle des groupes technologiques et leur pouvoir de marché le démontrent de manière impressionnante.

Le capitalisme comportemental s'est donc solidement établi, mais sans être perçu comme tel. Une technologie de pointe permet un encastrement inédit qui peut pénétrer dans les zones les plus intimes de l'individu. Un développement qui exige un examen plus attentif et qui ne doit pas continuer à avoir lieu dans l'ombre, car un capitalisme comportemental déchaîné serait une force encore plus puissante que le capitalisme financier ne l'a jamais été. Il serait un moyen de domination.

Les deux derniers paragraphes auraient pu être écrits d'une manière similaire, sinon identique, sur le concept de capitalisme de surveillance, mais la différence sous la surface est évidente, car si le capitalisme de surveillance considère le développement comme quelque chose d'anormal, d'artificiel et finalement - unilatéralement - de mal qui donne naissance même au pire, la représentation du capitalisme comportemental est volontairement neutre car elle reconnaît que c'est un développement normal du capitalisme et présente des opportunités et des risques. Le travail de Zuboff présente les défis d'une manière excellente et méticuleuse, peut-être plus convaincante que jamais auparavant. Pas les chances. Ils sont même niés.

L'enracinement pas à pas de l'individu dans son propre monde est en même temps une possibilité non seulement de répondre aux besoins, mais aussi de les identifier. Cependant, ce processus ne peut être séparé du processus capitaliste, comme le suggère Zuboff. Il a besoin d'innovations et d'optimisations.

Il néglige également un détail important : la population d'un pays est divisée en milieux, qui se décomposent aussi de plus en plus rapidement, dont certains ont des visions, des valeurs ou des modes de vie complètement différents. Une partie considérable de ces milieux serait toujours prête à échanger des éléments tels que la démocratie ou les libertés qui ne sont pas perçus pour un enracinement qui réponde à leurs besoins.

Cette prise de conscience peut être effrayante et pourtant elle décrit les faits. Si Zuboff est donc du *"sable dans la roue"[23]*, du *"manque de volonté des citoyens et des journalistes [...] des scientifiques [...] des représentants élus du peuple et des décideurs politiques [...] et des jeunes [...]", alors du "manque*

---

[23]Zuboff, page 593

de volonté du peuple et des journalistes [...] des sci-entifiques [...] et des jeunes gens[r]....]". Si l'on[24]parle d'un sentiment général d'*"indignation"*[25]qui devrait se développer, il faut noter que ce ne sera dans l'intérêt que d'une partie de la population.

Mais ce n'est un problème que tant que le développement est considéré comme une monstruosité isolée qui serait contrôlée avec un fusil et un fouet. En fait, le capitalisme comportemental n'est pas seulement dans la continuité historique, mais n'est lui-même qu'une partie de la transition vers une ère d'individualisme collectif qui, avec les luttes des milieux et le changement des rapports de force mondiaux, façonnera l'avenir.

L'idée que ces grandes forces de changement puissent être contrées par des restrictions dans les

---

[24] Zuboff, page 596

[25] Zuboff, page 595

activités commerciales des entreprises technologiques occidentales semble intéressante, mais elle n'est pas très utile, car cela ne signifierait-il pas que le domaine sera finalement laissé à Baidu, Tencent, Alibaba & Co, souvent soutenus par l'autorité de l'Etat chinois ? Il s'agit d'une question importante qui doit être discutée :

Les côtés obscurs du capitalisme comportemental sont un problème gigantesque, mais ne sommes-nous pas en train de laisser le marché à des forces beaucoup plus dangereuses si nous affaiblissons les entreprises occidentales alors que nous ne pouvons influencer celles de l'Est ? Elle nécessite donc un concept de solution globale, tel que nous le trouvons dans le modèle de l'hégémonie alternative (modèle AH), ce qui ne devrait pas être un problème ici.

Vers la fin

Cette écriture finit par s'arranger :

1) Comparer deux interprétations fondamentales du développement du capitalisme

2) Contribuer à rendre ce nouveau phénomène descriptible et à lui donner une structure médiocre

3) Créer une base de discussion sur les opportunités et les risques du développement capitaliste.

Shoshana Zubuff a réussi à présenter les aspects négatifs du capitalisme comportemental d'une manière remarquable. Un vrai travail de pionnier. La représentation systématique d'une nouvelle variété de capitalisme n'a probablement jamais été une fin en soi, mais seulement un moyen d'exprimer l'avertissement des dangers d'une nouvelle ère d'individualisme collectif.

Le modèle du capitalisme comportemental offre une description et une classification systématiques qui peuvent servir de base de discussion générale.

renvois

Zuboff, Shoshana, The Age of Surveillance Capitalism. Maison d'édition du campus 4 octobre 2018 ; 04 octobre 2018

Herteux, Andreas, Behavioural Capitalism - A New Variety of Capitalism Gains Power and Influence, DOI 10.13140/RG.2.2.2.18058.62402, août 2019

Herteux Andreas, Concept du changement des temps

Herteux Andreas, La Société Reiz

Interview dans "Vendredi" du 02.04.2019 ; https://www.freitag.de/autoren/the-guardian/tyrannei-die-sich-von-menschen-ernaehrt

Entretien avec le Süddeutsche Zeitung du 07.11.2018 ; https://www.sueddeutsche.de/digital/shoshana-zuboff-ueberwachungskapitalismus-google-facebook-1.4198835

Questions et réponses

Le modèle du capitalisme comportemental a jusqu'à présent été accueilli positivement et n'a pas été remis en question en tant que forme de représentation et de description.

Les questions et les discussions ont été soulevées principalement parce qu'il ne s'agit pas d'un document normatif, mais simplement descriptif.[26]

Il veut présenter les mécanismes et souligner les défis et les opportunités. Alors que les deux premiers éléments étaient considérés comme bienveillants et favorables, il y avait des voix qui niait les aspects positifs du capitalisme comportemental au-delà du profit du

---

[26] Cependant, la présentation descriptive était précisément le but : confronter un phénomène nouveau, souvent négligemment ignoré, et le présenter objectivement dans ses mécanismes, afin de faciliter une discussion qui n'en exclut pas une partie en général.

fournisseur respectif. Ce point joue donc un rôle important dans les questions complémentaires :

Le capitalisme comportemental n'a que des côtés négatifs et est un produit de l'exploitation capitaliste ?

Le capitalisme comportemental comporte de grands dangers. Il s'agit sans aucun doute des possibilités de manipulation et de contrôle. Ceux-ci sont encore massivement renforcés par le conditionnement des humains sur des stimuli petits et rapides depuis la 2ème guerre mondiale, pourquoi on parle aujourd'hui d'un stimulus homo.[27]

---

[27] A cet égard, il est fait référence à la "Théorie de la société irritable". C'est un développement qui a été conditionné pas à pas par le capitalisme, le changement social et la politique, sans y aspirer. Le stimulus homo, l'être humain conditionné à des stimuli courts et rapides, est finalement le produit final. Cette réaction de stimulation plus rapide se retrouve dans tous les milieux, puisqu'elle s'est établie au fil des décennies tant dans le monde du travail que dans la sphère privée et qu'elle s'est accrue de plus en plus. Si l'on veut pointer du

La démocratie et la liberté sont donc également en jeu. Ces dangers doivent être clairement identifiés, discutés et contrés.

Néanmoins, il y a aussi des aspects positifs[28]. Celles-ci se manifestent dans les domaines de la reconnaissance des besoins et de leur satisfaction, car les méthodes du capitalisme comportemental permettent d'identifier et de satisfaire aussi bien les besoins connus que les besoins cachés de l'individu.

Prenons un exemple. Jusqu'à présent, un utilisateur a été façonné par l'environnement direct d'un village et n'a jamais dépassé ce cadre. Il n'en est pas vraiment

---

doigt un extrême, un simple trajet en métro est recommandé et il suffit de prêter attention à l'influence que les smartphones, par exemple, ont sur la vie de nombreuses personnes et de se souvenir de ce que c'était il ya 10 ans. Avec une telle observation, il est probablement plus facile de comprendre le stimulus homo qu'avec toute théorie grise.

[28] L'argument standard des entreprises technologiques selon lequel chaque utilisateur est récompensé par des services pour avoir exploité le comportement ou les données ne doit pas être approfondi davantage ici. L'argument peut certainement faire l'objet d'une controverse.

satisfait, mais à la fin, son empreinte ne connaît que ce petit monde. Grâce à l'utilisation d'Internet, il entre maintenant dans le monde des médias sociaux. Ici, il se lie à quelques personnes qui ont depuis longtemps quitté le village et regarde leurs photos de vacances un beau jour. Il aime les lieux et fait des recherches sur un moteur de recherche. Soudain, le média social et le moteur de recherche lui offrent de plus en plus de nouvelles et de publicités qui se concentrent sur le thème du voyage. Le sujet devient de plus en plus inté-ressant et plus il le cherche, plus il s'enracine. Entre-temps, il a visité de nombreuses destinations et offres, commandé des guides de voyage et est actif dans un forum. Il opère aujourd'hui dans un monde qui lui est propre, dans lequel un nouveau désir prend le devant de la scène, alimenté par la machine à apprendre. Il se rend compte que son insatisfaction passée est aussi due au fait qu'il voulait sortir de son environnement familier et voir le monde. Jusqu'à présent, cependant, il a manqué d'inspiration. C'est maintenant le processus capitaliste comportemental qui s'en charge et qui, bien sûr, lui fait immédiatement les offres de satisfaction correspondantes. Au cours de l'année à venir, l'utilisateur partira en voyage autour du monde.

A-t-il été manipulé dans cet exemple ? Ou s'agissait-il simplement d'un souhait qui avait été enterré auparavant parce que son propre environnement ne pouvait pas le développer avec l'utilisateur ? Et c'est vraiment négatif quand ça arrive ? Comme nous pouvons le constater, nous devons donc vraiment faire une distinction très précise.

Les côtés positifs qui sont décrits ne sont finalement que la séduction de consommer, n'est-ce pas ?

Restons-en au cas concret du vacancier à venir. Il est vrai qu'il en consommera aussi beaucoup, un capitaliste comportemental en profitera. La consommation, c'est ce qu'il veut ? Ou plutôt une forme de développement personnel ?

N'est-ce pas précisément le modèle de succès réel des grands capitalistes comportementaux qu'ils adaptent aux désirs individuels et apportent une contribution insoupçonnée à la réalisation de soi ? Un simple travailleur a maintenant la chance d'être entendu dans le milieu social. Pour vous montrer. Vivre ses propres intérêts. Peut-être même être une star. Quand cela a-t-il été possible auparavant ? Qu'est-ce qui est réel ?

N'est-ce pas aussi une question d'opportunités de développement ? En fin de compte, le capitalisme comportemental crée un monde individualisé en fonction des besoins de l'utilisateur respectif et cela n'a rien à voir avec la consommation matérielle.

Ceux qui veulent vraiment dessiner le débat sur ce simple modèle explicatif du consommateur séduit, n'ont pas compris les besoins humains et donc l'être humain.

De plus, une vision globale est indispensable, car le capitalisme comportemental n'est pas un phénomène isolé. Bien sûr, lui, ainsi que la société de stimulation et le stimulus homo qu'elle forme, appartiennent à l'âge à venir de l'individualisme collectif, qui n'est finalement freiné que par les luttes de milieu. Et cette nouvelle ère est inévitable si nous ne voulons pas refuser le développement technologique. Mais nous pouvons décider comment nous voulons les concevoir.

Aucune personne réfléchie n'échangerait la liberté et la démocratie contre la reconnaissance et la satisfaction de ses besoins ?

La question implique que les gens représentent une masse homogène qui partagent tous les mêmes attitudes et modes de vie. En fait, les sociétés mondiales se désintègrent dans de nombreux milieux, dont certains ont des valeurs complètement différentes. Cette fragmentation de l'environnement n'est pas encore terminée et se poursuivra.

Mais cela signifie aussi qu'une partie de ces réalités n'aurait aucun problème à échanger, par exemple, sa propre codétermination démocratique contre une satisfaction garantie des besoins. Aussi horrifié que certains membres d'un milieu ou d'un autre puissent regarder cette affirmation, elle ne change rien à sa véracité.

Il y a donc aussi des profiteurs du système et ils se trouvent non seulement parmi les capitalistes comportementaux, mais surtout parmi ceux pour qui ce qui semble être en danger vaut beaucoup moins ou rien du tout que pour les autres.

Comment pouvez-vous lutter contre cela alors que certains ont tout le pouvoir dans leurs mains et que la moitié des autres sont soudoyés ?

Par de nouvelles idées et impulsions comme le modèle de l'hégémonie alternative (modèle AH). Il s'agit de créer un acteur du marché qui est sous contrôle démocratique et qui modifie ou corrige le capitalisme de l'intérieur. Grâce à un pouvoir de marché contrôlé démocratiquement. Cela fait des valeurs un facteur de production et donc un contrepoids à l'influence des entreprises privées et au pouvoir de l'État. Il n'éduque pas non plus les gens, mais les entreprises et les entités étatiques.

Par exemple, pour obtenir une licence pour une technologie dont les droits sont détenus par le Fonds AH, le contrat d'utilisation de l'entreprise en question contient l'obligation de

- salaires justes

- des conditions de travail adéquates

- Respect de la réglementation environnementale

- et que dans le monde entier

- obligations de transparence

L'entreprise ne sera pas obligée d'accepter ces conditions. Mais si elle veut générer un profit maximum, elle le fera. Ou faire face à la concurrence. Il va probablement le perdre. De cette façon, les valeurs deviennent un facteur de production et le capitalisme reçoit une nouvelle direction.

A long terme, le fonds d'aide humanitaire réalise également des gains, qui peuvent être réinjectés dans les pays, par exemple pour soutenir les fonds sociaux.

Bien entendu, le modèle ne peut pas être présenté ici dans toute son ampleur, alors veuillez vous référer à des publications séparées.

Das Modell der Alternativen Hegemonie (AH-Modell)

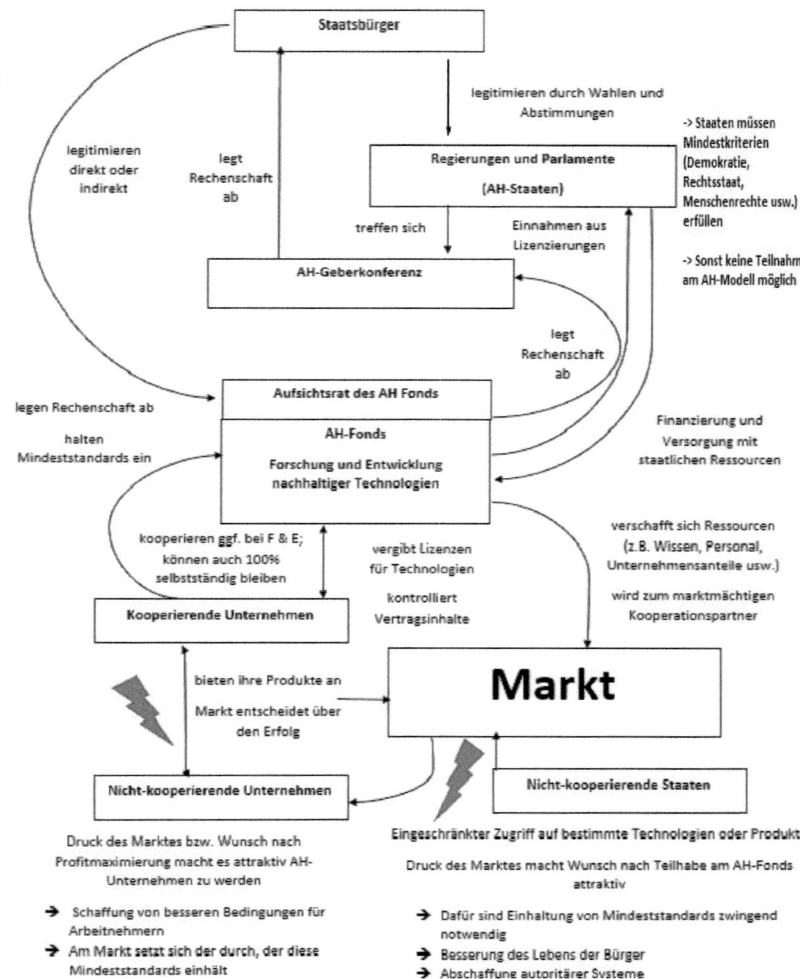

Le modèle d'hégémonie alternative (modèle AH) semble très bon sur le papier, mais comment comptez-vous forcer les capitalistes comportementaux, qui sont après tout des oligopoles, à participer ?

Nous sommes dans un changement de temps qui peut être défini de cette façon :

Par "changement temporel", on entend une période de temps au cours de laquelle ses différents éléments s'influencent dynamiquement les uns les autres de telle sorte qu'ils peuvent entraîner une réorganisation des relations de pouvoir (globales) antérieures. "

Ces éléments sont :

- Le progrès technologique

- L'émergence de nouveaux concurrents sur les marchés mondiaux

- Faiblesse des éléments dominants jusqu'à présent

- changement environnemental

- Perspectives manquantes d'une partie de l'humanité

La pression est donc déjà là et elle ne cessera de se renforcer et les capitalistes, qui vous semblent un peu comme une troupe homogène, n'existent pas du tout. Au contraire, il y aura d'énormes affrontements entre le capitalisme occidental et le capitalisme contrôlé, où le dernier semble avoir les meilleures cartes en ce moment.

Ainsi, quiconque pense à Google, Facebook et Co. en matière de capitalisme comportemental ne connaît pas encore le pouvoir de marché de Tencent, Baidu ou Alibaba, qui sont beaucoup plus avancés dans certains domaines (par exemple, les systèmes de paiement). Des applications comme Tictoc ou Zao sont chinoises et leur croissance est gigantesque. Le produit occidental ne remporterait pas nécessairement la comparaison entre WhatsApp et WeChat. Il en va de même au niveau de l'État, où l'expansion chinoise est indubitable. L'Occident subira donc de plus en plus de pressions et devra envisager des alternatives. Ce serait l'occasion d'un modèle comme celui de l'hégémonie alternative.

A propos de l'éditeur

Erich von Werner Gesellscahft

Société Erich von Werner

Birkenfelder route 3

97842 Karbach

<u>Hompage :</u>

https://www.understandandchange.com

<u>Courriel :</u>

erichvonwernersociety@understandand-
change.com

Facebook :

https://www.facebook.com/Erich-von-Werner-
Society-Understand-and-change-353251871900615

A propos de la maison d'édition

Erich von Werner Verlag

Maison d'édition Erich von Werner

Birkenfelder route 3

97842 Karbach

A propos de l'auteur

Andreas Herteux

<u>**Hompage :**</u>

https://www.andreasherteux.com/

Facebook :

https://www.facebook.com/AndreasHerteux

Twitter :

https://twitter.com/aherteuxautor